Découvertes 1

Vokabellernheft

Ernst Klett Verlag
Stuttgart Düsseldorf Leipzig

VORWORT

Vokabeln lernen mit dem Vokabellernheft

Dieses Vokabellernheft im Taschenformat soll dich begleiten und dir dabei helfen, den Lernwortschatz von *Découvertes* zu wiederholen. Du kannst dich damit in Pausen oder im Bus auch auf Vokabeltests vorbereiten.
Am besten hast du beim Lernen immer einen Bleistift zur Hand. So kannst du Wörter markieren, die du schwierig oder seltsam findest.
Am Ende einer *Leçon* gibt es jeweils einen Teil zum Hineinschreiben. Hier geht es darum, das Gelernte selbst zu ordnen und zu wiederholen. So kannst du die Wörter besser behalten. Manchmal wirst du auch aufgefordert, etwas zu übersetzen. Deine Lösung kannst du nachprüfen: sieh auf der hinteren Umschlagseite nach.
Viele finden solche Wörtchen wie *devant, déjà* oder *puis* besonders schwierig. Deshalb wirst du immer mal wieder aufgefordert, diese „verflixten kleinen Wörter“ aufzuschreiben, d. h. dich mit ihnen zu beschäftigen.
Manche Wörter kann man sich leichter merken, manche schwerer. Das ist ganz normal. Am Ende einiger *Leçons* wirst du gefragt, welche Wörter dir immer wieder Schwierigkeiten machen, sei es beim Behalten oder beim Aussprechen. Schreibe sie auf und wiederhole sie in regelmäßigen Abständen. So kannst du die besonders Widerspenstigen in den Griff bekommen. Notiere auch, welche Wörter du schön oder lustig findest!

Bon courage! [1]

Dein *Découvertes*-Team

[1] Gutes Gelingen!

LEÇON 1

Entrée: Salut! Bonjour!

Sprich die einzelnen Vokabeln beim Vokabellernen laut vor dich hin. Auf diese Weise prägst du sie dir besser ein.

une **entrée** [ynɑ̃tʀe]	ein Eingang
Salut! *(fam.)* [saly]	Hallo!/Grüß' dich! *(ugs.)*
Bonjour! [bɔ̃ʒuʀ]	Guten Tag!
je m'appelle [ʒəmapɛ̃l]	ich heiße
moi [mwa]	ich *(betont)*
je suis [ʒəsɥi]	ich bin
et [e]	und
toi [twa]	du *(betont)*

Texte: Un nouveau

un **texte** [ɛ̃tɛkst]	ein Text
un **nouveau** [ɛ̃nuvo]	ein Neuer
un **collège** [ɛ̃kɔlɛʒ]	ein «Collège»
à [a]	in
une **rue** [ynʀy]	eine Straße
Ça va? [sava]	Wie geht's?
oui [wi]	ja
Ça va bien. [savabjɛ̃]	Es geht (mir) gut.
Merci. [mɛʀsi]	Danke.
Tiens. [tjɛ̃]	Sieh mal da!/Na sowas!
un **chat** [ɛ̃ʃa]	eine Katze
un **chien** [ɛ̃ʃjɛ̃]	ein Hund
ensemble [ɑ̃sɑ̃bl]	zusammen
une **voiture** [ynvwatyʀ]	ein Auto
bizarre [bizaʀ]	komisch/merkwürdig
avec [avɛk]	mit
un **garçon** [ɛ̃gaʀsɔ̃]	ein Junge
sympa *(fam.)* [sɛ̃pa]	nett *(ugs.)*
Qui est-ce? [kiɛs]	Wer ist das?
madame … [madam]	Frau …
Bonjour, madame! [bɔ̃ʒuʀmadam]	Guten Tag! *(zu einer Frau)*

LEÇON 1

monsieur … [məsjø]	Herr …
Bonjour, monsieur! [bõʒuʀməsjø]	Guten Tag! *(zu einem Mann)*
voici [vwasi]	hier ist
un **professeur** [ɛ̃pʀɔfɛsœʀ]	ein Lehrer/eine Lehrerin.
allemand [almɑ̃]	deutsch; Deutsch *(als Unterrichtsfach)*
un **professeur d'allemand** [ɛ̃pʀɔfɛsœʀdalmɑ̃]	ein Deutschlehrer/eine Deutschlehrerin
Salut! *(fam.)* [saly]	Tschüss! *(ugs.)*
papa *(m.)* [papa]	Papa/Vati
Au revoir! [ɔʀvwaʀ]	Auf Wiedersehen!
Au revoir, madame! [ɔʀvwaʀmadam]	Auf Wiedersehen! *(zu einer Frau)*
Au revoir, monsieur! [ɔʀvwaʀməsjø]	Auf Wiedersehen! *(zu einem Mann)*
tu es [tyɛ]	du bist
euh [ø]	äh … *(Ausdruck des Zögerns)*
tu t'appelles [tytapɛl]	du heißt
comment [kɔmɑ̃]	wie
Tu t'appelles comment? [tytapɛlkɔmɑ̃]	Wie heißt du?
Chut! [ʃyt]	Pst!
le **silence** [ləsilɑ̃s]	die Ruhe/Stille
c'est [sɛ]	das ist
un **prénom** [ɛ̃pʀenõ]	ein Vorname
de [də]	von/aus
une **fille** [ynfij]	ein Mädchen
mais [mɛ]	aber
non [nõ]	nein
Christian est de Berlin. [kʀistjɑ̃nɛdəbɛʀlɛ̃]	Christian ist aus Berlin.
en allemand [ɑ̃nalmɑ̃]	auf Deutsch
Bienvenue! [bjɛ̃vny]	Willkommen!
un, deux, trois [ɛ̃døtʀwa]	eins, zwei, drei

LEÇON 1

Pratique

	pratique *(f.)* [pʀatik]	die Praxis/die Ausübung
1	une **question** [ynkɛstjõ]	eine Frage
	un **exemple** [ɛ̃nɛgzɑ̃pl]	ein Beispiel
3	**mademoiselle** [madmwazɛl]	Fräulein …
	Bof! *(fam.)* [bɔf]	Na ja!/Ach! *(ugs.)*
	Ça va mal. [savamal]	Es geht schlecht.
	un **dialogue** [ɛ̃djalɔg]	ein Dialog
	une **scène** [ynsɛn]	eine Szene
	une **classe** [ynklas]	eine Klasse
4	un **jeu** [ɛ̃ʒø]	ein Spiel
	un **mot** [ɛ̃mo]	ein Wort
	un **jeu de mots** [ɛ̃ʒødmo]	ein Wortspiel/ein Spiel mit Worten
5	une **stratégie** [ynstʀateʒi]	eine Strategie
6	un **jeu de sons** [ɛ̃ʒødsõ]	ein Spiel mit Lauten
	une **rime** [ynʀim]	ein Reim
7	**français** [fʀɑ̃sɛ]	französisch
	en français [ɑ̃fʀɑ̃sɛ]	auf Französisch

Die Zahlen von 1 bis 10

0	zéro	[zeʀo]	**4**	quatre	[katʀ]	**8**	huit	[ɥit]
1	un	[ɛ̃]	**5**	cinq	[sɛ̃k]	**9**	neuf	[nœf]
2	deux	[dø]	**6**	six	[sis]	**10**	dix	[dis]
3	trois	[tʀwa]	**7**	sept	[sɛt]			

Wie lautet das Gegenteil?

oui ≠ ____________________

une fille ≠ ____________________

un monsieur ≠ ____________________

LEÇON 1

Erinnerst du dich noch an die *Begrüßungs- und Abschiedsformeln?* Suche sie heraus und trage sie hier ein.

Zur Begrüßung	Zum Abschied

Wie viele männliche und weibliche Nomen findest du in dieser Lektion? Markiere alle *männlichen Nomen* blau und alle *weiblichen Nomen* rot. Zähle sie anschließend und trage die Anzahl ein.

Ich habe _______ männliche und _______ weibliche Nomen gefunden.

Gibt es Nomen, die du dir schlecht merken kannst? Notiere sie hier und wiederhole sie morgen.

____

____

____

____

LEÇON 1

Vervollständige die Sätze mit den *fehlenden* Wörtern.

Ich bin Emma und du?

____________________ Emma et toi?

Wie heißt du?

Tu t'appelles ____________________?

Victor ist **ein Vorname**.

Victor est ____________________.

Malika ist ein **nettes** Mädchen.

Malika est une fille ____________________.

Hier ist ein Auto.

____________________ une voiture.

Christian ist **aus Berlin**.

Christian est ____________________.

Wer ist das?

____________________ est-ce?

Du bist **in** Paris.

Tu es ____________________ Paris.

LEÇON 1

Beschrifte die Abbildungen. Notiere zu jedem Nomen den unbestimmten Artikel.

LEÇON 1

Schreibe die Ziffern hinter die Zahlwörter.

neuf	______	**quatre**	______	**deux**	______
un	______	**dix**	______	**zéro**	______
huit	______	**trois**	______	**six**	______
cinq	______	**sept**	______		

Kreuze die richtigen Antworten an.

Wie begrüßt du einen Lehrer?

- ☐ Bonjour, monsieur!
- ☐ Salut!

Wie stellst du Victor deinem Freund vor?

- ☐ Victor, qui est-ce?
- ☐ C'est Victor.

Wie fragst du Pierre, wie es ihm geht?

- ☐ Ça va?
- ☐ Oui, ça va.

Was sagt Pierre, wenn es ihm gut geht?

- ☐ Ça va bien.
- ☐ Ça va mal.

LEÇON 1

Was sagen die Personen? Ergänze die Sprechblasen.

Suche weitere Ausdrücke aus dem Lektionsvokabular heraus, die Personen oder Tiere äußern können und fertige passende Zeichnungen an.

LEÇON 2

Lerne bei Nomen die Artikel gleich mit! Markiere die maskulinen Nomen blau, die femininen Nomen rot.

Entrée: Dans le quartier

dans [dɑ̃]	in
un **quartier** [ɛ̃kaʀtje]	ein Stadtviertel
Qu'est-ce que c'est? [kɛskəsɛ]	Was ist das?
chercher qc [ʃɛʀʃe]	etw. suchen
sur [syʀ]	über/auf
pour [puʀ]	für
aussi [osi]	auch
une **photo** [ynfoto]	ein Foto
d'accord [dakɔʀ]	einverstanden/o.k.
à propos [apʀɔpo]	übrigens
un **verbe** [ɛ̃vɛʀb]	ein Verb
regarder qc [ʀəgaʀde]	etw. sehen/ansehen/betrachten
trouver qc [tʀuve]	etw. finden

Texte: Ici c'est le paradis!

ici [isi]	hier
un **paradis** [ɛ̃paʀadi]	ein Paradies
entrer [ɑ̃tʀe]	eintreten/betreten/hereinkommen
un **square** [ɛ̃skwaʀ]	eine (kleine) Grünanlage
ramasser qc [ʀamase]	etw. aufheben/einsammeln
un **papier** [ɛ̃papje]	ein Papier
une **bouteille** [ynbutɛj]	eine Flasche
où [u]	wo
Il est où, Christian? *(fam.)* [ilɛukʀistjɑ̃]	Wo ist Christian? *(ugs.)*
là [la]	da/dort
Que fait Christian? [kəfɛkʀistjɑ̃]	Was macht Christian?

LEÇON 2

un **banc** [ɛ̃bɑ̃]	eine (Sitz)Bank
dessiner qc [desine]	etw. zeichnen
poser qc [poze]	etw. stellen/setzen/legen
un **dessin** [ɛ̃desɛ̃]	eine Zeichnung
ça [sa]	das
Ben [bɛ̃]	nun ja
une **place** [ynplas]	ein Platz
aimer qc [eme]	etw. lieben/mögen
la **nature** [lanatyʀ]	die Natur
sale [sal]	schmutzig
Tu trouves? [tytʀuv]	Findest du?
sous [su]	unter
un **arbre** [ɛ̃naʀbʀ]	ein Baum
un **carton** [ɛ̃kaʀtõ]	ein Karton
devant [dəvɑ̃]	vor *(örtlich)*
une **poubelle** [ynpubɛl]	ein Mülleimer
vide [vid]	leer
une **affiche** [ynafiʃ]	ein Plakat/Poster
marquer qc [maʀke]	etw. markieren/anzeigen, *(hier)* schreiben
respecter qc [ʀɛspɛkte]	etw. achten
Tu es d'accord? [tyɛdakɔʀ]	Bist du einverstanden?
super [sypɛʀ]	super/toll
coller qc [kɔle]	etw. (an)kleben
Zut! *(fam.)* [zyt]	Mist! *(ugs.)*
une **papeterie** [ynpapɛtʀi]	ein Schreibwarengeschäft
derrière [dɛʀjɛʀ]	hinter
un **magasin** [ɛ̃magazɛ̃]	ein Geschäft/Laden
un **bloc à dessin** [ɛ̃blɔkadesɛ̃]	ein Zeichenblock
une **gomme** [yngɔm]	ein Radiergummi
un **crayon** [ɛ̃kʀɛjõ]	ein Bleistift
une **étagère** [ynetaʒɛʀ]	ein Regal
quitter qc [kite]	etw. verlassen
une **porte** [ynpɔʀt]	eine Tür
Viens! [vjɛ̃]	Komm! *(Aufforderung)*
une **cour** [ynkuʀ]	ein Hof
maintenant [mɛ̃tnɑ̃]	jetzt

LEÇON 2

	vite [vit]	schnell
	Hein? *(fam.)* [ɛ̃]	Wie? *(ugs.)*

Pratique

1	**Vrai ou faux?** [vʀɛufo]	Richtig oder falsch?
3	un **cahier** [ɛ̃kaje]	ein Heft
	bien [bjɛ̃]	gut
4	une **salle de classe** [ynsaldəklas]	ein Klassenzimmer
7	une **situation** [ynsityasjɔ̃]	eine Situation
	une **partie** [ynpaʀti]	ein Teil
8	une **réponse** [ynʀepɔ̃s]	eine Antwort
10	une **phrase** [ynfʀaz]	ein Satz
12	le **vocabulaire** [ləvɔkabylɛʀ]	der Wortschatz
	une **liste** [ynlist]	eine Liste
	une **liste des mots** [ynlistdemo]	eine Wörterliste
	une **page** [ynpaʒ]	eine Seite

Suche mindestens sechs Wörter aus *Leçon 2* heraus, die vom Deutschen her ableitbar sind. Markiere die Unterschiede. Zum Beispiel: la <u>n</u>atur<u>e</u>.

LEÇON 2

An welche Wörter aus dem Lektionsvokabular denkst du, wenn du *„le paradis“* liest? Zum Beispiel:

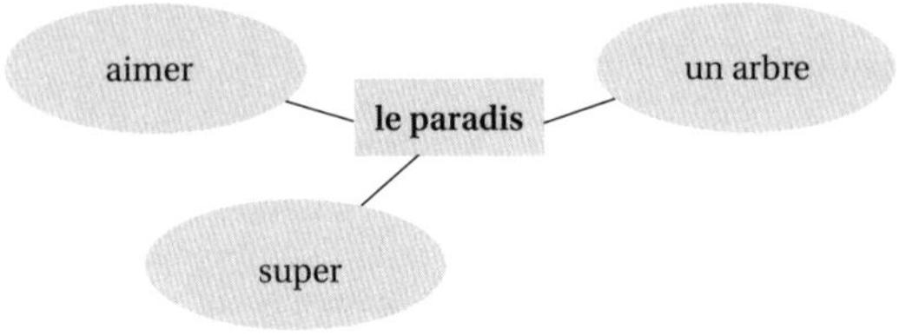

Erstelle nun ein entsprechendes Vokabelnetz für *„le dessin“*. Finde mindestens fünf Wörter.

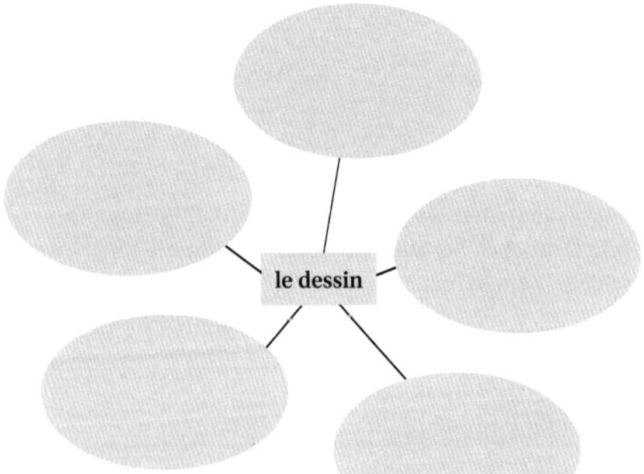

LEÇON 2

**Du hast drei neue *Fragen* in der Lektion gelernt.
Suche sie heraus und vervollständige die Fragesätze.**

Il est ______________________?

_____________ fait Christian?

______________________________ c'est?

**Suche aus *Leçon 2* die Verben heraus und schreibe sie in alphabetischer Reihenfolge auf. Die angegebenen Anfangsbuchstaben helfen dir dabei.
Schreibe die deutsche Bedeutung daneben.**

a ____

ch ____

co ____

d ____

e ____

m ____

p ____

ra ____

reg ____

res ____

t ____

q ____

LEÇON 2

„Die verflixten kleinen Wörter."

in ______________________

hier ______________________

da/dort ______________________

jetzt ______________________

unter ______________________

auch ______________________

für ______________________

vor ______________________

hinter ______________________

Schau dir sämtliche Wörter der Lektion erneut an.
Notiere anschließend ...

... die Vokabeln, die du dir sehr leicht merken konntest.

____

____

____

... die Vokabeln, die du dir nur schwer merken konntest.

____

____

____

LEÇON 3

Lege ein eigenes Vokabelheft an und schreibe die neuen Vokabeln nach Themen sortiert dort hinein. Immer wenn du ein neues Wort dazu lernst, das zu einem Thema passt, dann ergänze die Liste.

Entrée: Tu habites où?

habiter [abite]	wohnen
une **salle à manger** [ynsalamɑ̃ʒe]	ein Esszimmer
une **cuisine** [ynkɥizin]	eine Küche
une **chambre** [ynʃɑ̃bʀ]	ein Schlafzimmer
maman *(f.)* [mamɑ̃]	Mama/Mutti
les **W.-C.** *(m. pl.)* [levese]	die Toilette/das WC
une **salle de bains** [ynsaldəbɛ̃]	ein Badezimmer
il y a [ilja]	es gibt/es ist/es sind
un **copain** *(fam.)* [ɛ̃kɔpɛ̃]	ein Freund *(ugs.)*
d'abord [dabɔʀ]	zuerst
une **annonce** [ynanɔ̃s]	eine Anzeige/Annonce
un **appartement** [ɛ̃napaʀtəmɑ̃]	eine Wohnung
une **pièce** [ynpjɛs]	ein Zimmer
un **appartement de cinq pièces** [ɛ̃napaʀtəmɑ̃dəsɛ̃pjɛs]	eine Fünfzimmerwohnung
une **maison** [ynmɛzɔ̃]	ein Haus
un **étage** [ɛ̃netaʒ]	ein Stockwerk/eine Etage
Quoi? [kwa]	Was?
une **copine** *(fam.)* [ynkɔpin]	eine Freundin *(ugs.)*

Texte A: Où est le problème?

où est [uɛ]	wo ist
un **problème** [ɛ̃pʀɔblɛm]	ein Problem
être [ɛtʀ]	sein

être: je **suis**, tu **es**, il/elle/on **est**, nous **sommes**, vous **êtes**, ils/elles **sont**

LEÇON 3

la **télévision** *(fam.: la télé)* [latelevizjõ]	das Fernsehen
une **famille** [ynfamij]	eine Familie
les **parents** *(m.)* [leparɑ̃]	die Eltern
rêver de qc [ʀɛve]	von etw. träumen

> ***Regelmäßige Verben auf -er:*** je rêve, tu rêve**s**, il/elle/on rêve, nous rêv**ons**, vous rêv**ez**, ils/elles rêv**ent**

visiter qc [vizite]	etw. besichtigen
un **jour** [ɛ̃ʒuʀ]	ein Tag
un **jour** [ɛ̃ʒuʀ]	eines Tages
la **banlieue** [labɑ̃ljø]	der Vorort/Vorstadtbereich
un **soir** [ɛ̃swaʀ]	ein Abend
le **soir** [ləswaʀ]	abends
raconter qc [ʀakõte]	etw. erzählen
un/une propriétaire [ɛ̃/ ynpʀɔpʀijetɛʀ]	ein Eigentümer/eine Eigentümerin
un **mois** [ɛ̃mwa]	ein Monat
dans trois mois [dɑ̃tʀwamwa]	in drei Monaten
une **adresse** [ynadʀɛs]	eine Adresse
rester [ʀɛste]	bleiben
jouer [ʒwe]	spielen
un **ordinateur** [ɛ̃nɔʀdinatœʀ]	ein Computer
un **lit** [ɛ̃li]	ein Bett
discuter [diskyte]	sich unterhalten/diskutieren
une **idée** [ynide]	eine Idee
une **solution** [ynsɔlysjõ]	eine Lösung
téléphoner [telefɔne]	telefonieren
pour [puʀ]	wegen
Allô? [alo]	Hallo? *(am Telefon)*
une **guitare** [yngitaʀ]	eine Gitarre
une **guitare électrique** [yngitaʀelɛktʀik]	eine elektrische Gitarre
un **voisin**/une **voisine** [ɛ̃vwazɛ̃/ynvwazin]	ein Nachbar/eine Nachbarin
Ah, bon? [abõ]	Ach ja?/Wirklich?

LEÇON 3

la **musique** [lamyzik]	die Musik
la **musique rock** [lamyzikʀɔk]	die Rockmusik
Quelle horreur! *(fam.)* [kɛlɔʀœʀ]	Wie grässlich/schrecklich! *(ugs.)*

Pratique A

3	une **forme** [ynfɔʀm]	eine Form
	la **bonne forme** [labɔnfɔʀm]	die richtige Form
	contre [kõtʀ]	gegen
	un **enfant** [ɛ̃nɑ̃fɑ̃]	ein Kind
4	une **interview** [ynɛ̃tɛʀvju]	ein Interview
	un **frère** [ɛ̃fʀɛʀ]	ein Bruder
	une **sœur** [ynsœʀ]	eine Schwester
	un **ordre** [ɛ̃nɔʀdʀ]	eine Reihenfolge
6	**Qu'est-ce qu'il y a?** [kɛskilja]	Was gibt es?
	C'est l'horreur! [sɛlɔʀœʀ]	Es ist schrecklich/grässlich!
	Que font ...? [kəfõ]	Was machen ...?

Texte B: On reste dans le quartier!

un **téléphone** [ɛ̃telefɔn]	ein Telefon
sonner [sɔne]	klingeln
écouter qn [ekute]	jdm. zuhören
mon, ma, mes [mõ/ma/me]	mein, meine
son, sa, ses [sõ/sa/se]	sein(e)/ihr(e)
une **femme** [ynfam]	eine Frau/Ehefrau
un **mari** [ɛ̃maʀi]	ein Ehemann
une **assiette** [ynasjɛt]	ein Teller
ton, ta, tes [tõ/ta/te]	dein, deine
une **flûte** [ynflyt]	eine Flöte
une **colère** [ynkɔlɛʀ]	ein Zorn/eine Wut
être en colère [ɛtʀɑ̃kɔlɛʀ]	wütend sein
une **histoire** [ynistwaʀ]	eine Geschichte
déjà [deʒa]	schon
Internet *(m.)* [ɛ̃tɛʀnɛt]	Internet *(n.)*
sur Internet [syʀɛ̃tɛʀnɛt]	im Internet

LEÇON 3

Pratique B

2 **ce sont** [səsõ] das sind

Suche möglichst viele Wörter aus dem Lektionsvokabular, die mit dem Endbuchstaben der angegebenen Wörter beginnen.
Beispiel: un lit → ton.

visiter → ____________________

____

un mois → ____________________

____

quoi → ____________________

Welche Wörter aus Leçon 3 passen zu den folgenden Wörtern?
Beispiel: une guitare → une flûte → la musique → écouter

habiter → ____________________

____

un téléphone → ____________________

____

un lit → ____________________

____

LEÇON 3

une famille → ______________________________

____

Was sagst du, wenn …

… du dich am Telefon meldest?

____

… du etwas grässlich findest?

____

… du wissen willst, wo das Problem ist?

____

… du wissen willst, was los ist?

____

Nenne mindestens acht Wörter, die du *vom Deutschen ableiten* kannst.

____

____

____

____

____

____

____

LEÇON 3

„Die verflixten kleinen Wörter“

zuerst ______________________________

schon ______________________________

gegen ______________________________

Markiere alle *männlichen Nomen* mit blauem und alle *weiblichen Nomen* mit rotem Textmarker.

Diese Wörter fand ich in *Leçon 3* besonders …

schwer zu merken	komisch	schön

LEÇON 4

Arbeite mit dem Bleistift: Unterstreiche Wörter, die du immer wieder vergisst.
Mache Kringel um die Verben.

Entrée: Les activités

une **activité** [ynaktivite]	eine Tätigkeit, *(hier)* eine Freizeitbeschäftigung
le **foot** [ləfut]	der Fußball *(als Sportart)*
le **théâtre** [ləteatʀ]	das Theater
l'**escalade** *(f.)* [lɛskalad]	das Klettern
le **roller** [ləʀɔlœʀ]	das Rollschuhlaufen
une **vidéo** [ynvideo]	ein Video
un **jeu vidéo**/des **jeux vidéo** [ɛ̃ʒøvideo]	ein Videospiel/Videospiele
la **natation** [lanatasjõ]	das Schwimmen
au club de dessin [oklœbdədesɛ̃]	in der Zeichen-AG
à la maison [alamɛzõ]	zu Hause
une **école** [ynekɔl]	eine Schule
faire qc [fɛʀ]	etw. machen

faire: je **fais**, tu **fais**, il/elle/on **fait**, nous **faisons**, vous **faites**, ils/elles **font**

le **sport** [ləspɔʀ]	der Sport
faire du sport [fɛʀdyspɔʀ]	Sport treiben
un **piano** [ɛ̃pjano]	ein Klavier/ein Piano

Texte: Au club d'escalade

un **exercice** [ɛ̃nɛgzɛʀsis]	eine Übung
mercredi *(m.)* [mɛʀkʀədi]	Mittwoch
un **après-midi** [ɛ̃napʀɛmidi]	ein Nachmittag
le **mercredi après-midi** [ləmɛʀkʀədiapʀɛmidi]	mittwochnachmittags
un **élève**/une **élève** [ɛ̃nelɛv/ynelɛv]	ein Schüler/eine Schülerin

LEÇON 4

ou [u]	oder
en sport [ɑ̃spɔʀ]	in Sport *(Sport als Schulfach)*
la **danse** [ladɑ̃s]	das Tanzen/der Tanz
un **groupe** [ɛ̃gʀup]	eine Gruppe
un **gymnase** [ɛ̃ʒimnaz]	eine Turnhalle
ne … pas [nə … pa]	nicht
jouer au foot [ʒweofut]	Fußball spielen
aujourd'hui [oʒuʀdɥi]	heute
avoir [avwaʀ]	haben

avoir: j'**ai**, tu **as**, il/elle/on **a**, nous **avons**, vous **avez**, ils/elles **ont**

avoir envie [avwaʀɑ̃vi]	Lust haben
débuter dans qc [debyte]	Anfänger sein in etw.
un **père** [ɛ̃pɛʀ]	ein Vater
en plus [ɑ̃plys]	außerdem/zusätzlich
douze [duz]	zwölf
un **an** [ɛ̃nɑ̃]	ein Jahr
avoir douze ans [avwaʀduzɑ̃]	zwölf Jahre alt sein
arriver [aʀive]	(an)kommen
souvent [suvɑ̃]	oft
l'**âge** *(m.)* [laʒ]	das Alter
Tu as quel âge? [tyakɛlaʒ]	Wie alt bist du?
alors [alɔʀ]	nun/jetzt/dann
grimper [gʀɛ̃pe]	klettern
un **mur** [ɛ̃myʀ]	eine Mauer/eine Wand
un **mur d'escalade** [ɛ̃myʀdɛskalad]	eine Kletterwand
préparer qc [pʀepaʀe]	etw. vorbereiten
une **corde** [ynkɔʀd]	ein Seil
un **casque** [ɛ̃kask]	ein Sturz-/Schutzhelm
tout à coup [tutaku]	plötzlich
crier [kʀije]	schreien
l'**attention** [latɑ̃sjɔ̃]	die Aufmerksamkeit
Attention! [atɑ̃sjɔ̃]	Achtung!/Vorsicht!
sans [sɑ̃]	ohne
en bas [ɑ̃ba]	unten/nach unten

LEÇON 4

la **peur** [lapœʀ]	die Angst
avoir peur [avwaʀpœʀ]	Angst haben
attacher qc [ataʃe]	etw. (fest)binden
puis [pɥi]	dann
voilà [vwala]	da ist; *(hier)* Na also./Jetzt haben wir's. *(ugs.)*
Quelle histoire! [kɛlistwaʀ]	Was für eine Geschichte!
facile [fasil]	leicht
en haut [ɑ̃o]	oben/nach oben
..., hein? [ɛ̃]	...ja?/...nicht wahr?
Ce n'est pas mal. [sənɛpamal]	Das ist nicht schlecht.
si [si]	doch
surtout [syʀtu]	vor allem
Ce n'est pas grave. [sənɛpagʀav]	Das ist nicht schlimm.

Pratique

1	le **bon ordre** [ləbɔnɔʀdʀ]	die richtige Reihenfolge
2	**compter qc** [kɔ̃te]	etw. zählen
3	un **rendez-vous** [ɛ̃ʀɑ̃devu]	eine Verabredung/ein Termin
	avoir rendez-vous [avwaʀʀɑ̃devu]	eine Verabredung/einen Termin haben
6	**à deux** [adø]	zu zweit
8	un **animal**/des **animaux** [ɛ̃nanimal/dezanimo]	ein Tier/Tiere
	un **e-mail** [ɛ̃nimɛl]	eine E-Mail
10	**il s'appelle** [ilsapɛl]	er heißt
11	une **fête** [ynfɛt]	ein Fest
	un **CD**/**des CD** [ɛ̃sede]	eine CD/CDs
	encore [ɑ̃kɔʀ]	noch/schon wieder
	une **fois** [ynfwa]	einmal
12	la **police** [lapɔlis]	die Polizei
	en roller [ɑ̃ʀɔlœʀ]	auf Rollschuhen
	Pardon. [paʀdɔ̃]	Verzeihung./Entschuldigung.
	travailler [tʀavaje]	arbeiten
	un **policier** [ɛ̃pɔlisje]	ein Polizist

LEÇON 4

Übersetze.

ich mache *je* ____________________

ich habe *j'*____________________

ich komme an *j'*____________________

ich schreie *je* ____________________

ich klettere *je* ____________________

ich bereite etw. vor *je* ____________________

ich arbeite *je* ____________________

ich zähle *je* ____________________

Hobbies, Freizeit (mindestens sieben Wörter).

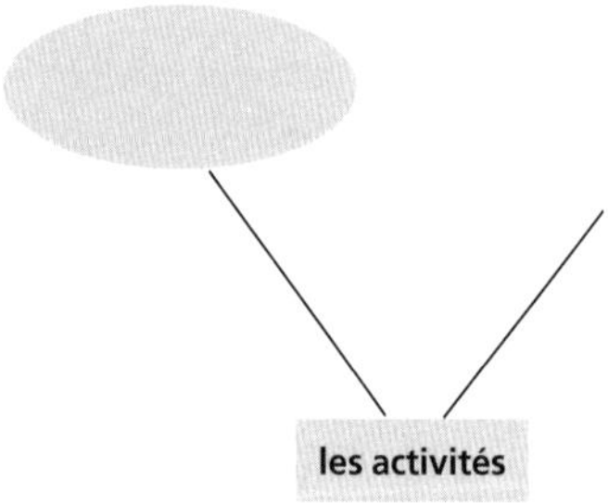

LEÇON 4

Zeichne zwei Dinge, die man beim Klettern dabei haben sollte. Schreibe die französischen Wörter dazu.

„Die verflixten kleinen Wörter“

doch ______________________________

vor allem ______________________________

dann ______________________________

ohne ______________________________

(nach) unten ______________________________

(nach) oben ______________________________

noch/schon wieder ______________________________

außerdem ______________________________

oft ______________________________

LEÇON 4

in der Schule ______________________________

in der Zeichen-AG ______________________________

zu Hause ______________________________

in Sport ______________________________

Diese Wörter fand ich in *Leçon 4* besonders …

schwer zu merken	komisch	schön

LEÇON 5

Schreibe Wörter/Ausdrücke, die dir schwierig erscheinen, besonders deutlich auf und markiere die Schwierigkeiten, z. B. le groupe.

Entrée: A Paris

une **tour** [yntuʀ]	ein Turm
la **rive gauche** [laʀivgoʃ]	das linke Flussufer
la **rive droite** [laʀivdʀwat]	das rechte Flussufer
un **cousin**/une **cousine** [ɛ̃kuzɛ̃/ynkuzin]	ein Cousin/eine Cousine
un **cuisinier** [ɛ̃kɥizinje]	ein Koch
être cuisinier	*(von Beruf)* Koch sein
un **restaurant** [ɛ̃ʀɛstoʀɑ̃]	ein Restaurant
aller [ale]	gehen/fahren

aller: je **vais**, tu **vas**, il/elle/on **va**, nous **allons**, vous **allez**, ils/elles **vont**

chez [ʃe]	bei
aller chez qn [aleʃe]	zu jdm. *(nach Hause)* gehen
la **chance** [laʃɑ̃s]	das Glück/die Chance
Quelle chance! [kɛlʃɑ̃s]	Welch ein Glück!
pourquoi [puʀkwa]	warum
parce que [paʀsəkə]	weil
midi [midi]	Mittag
à midi [amidi]	um 12 Uhr mittags/mittags
une **cantine** [ynkɑ̃tin]	eine Kantine
de … à	von … bis
minuit [minɥi]	Mitternacht, 12 Uhr nachts
samedi *(m.)* [samdi]	Samstag/am Samstag
un **cinéma** [ɛ̃sinema]	ein Kino
aller au cinéma [aleosinema]	ins Kino gehen

LEÇON 5

Texte: Au voleur!

un **voleur** [ɛ̃vɔlœʀ]	ein Dieb
Au voleur! [ovɔlœʀ]	Haltet den Dieb!
une **heure** [ynœʀ]	eine Stunde
Il est une heure. [ynœʀ]	Es ist ein Uhr.
une **librairie** [ynlibʀɛʀi]	eine Buchhandlung
une **BD/des BD** [ynbede] *(= une bande dessinée)*	ein Comic(-Heft)/Comics
notre/nos [nɔtʀ/no]	unser/unsere
un **ami**/une **amie** [ɛ̃nami/ynami]	ein Freund/eine Freundin
un **livre** [ɛ̃livʀ]	ein Buch
un **livre de cuisine** [ɛ̃livʀdəkɥizin]	ein Kochbuch
une **caisse** [ynkɛs]	eine Kasse
leur, leurs [lœʀ]	ihr/ihre
une **dame** [yndam]	eine Dame
un **homme** [ɛ̃nɔm]	ein Mann
bousculer qn [buskyle]	jdn. anrempeln
voler qc [vɔle]	etw. stehlen
un **porte-monnaie/**des **porte-monnaie** [ɛ̃pɔʀtmɔnɛ]	ein Geldbeutel
dans la rue [dɑ̃laʀy]	auf der Straße
Qu'est-ce que ...? [kɛskə]	Was ...?
attraper qn [atʀape]	jdn. (ein)fangen/erwischen
quand [kɑ̃]	wann
à six heures [asizœʀ]	um sechs Uhr
un **portable** [ɛ̃pɔʀtabl]	*(hier)* ein Mobiltelefon, ein Handy
une heure et quart [ynœʀekaʀ]	Viertel nach eins
à gauche [agoʃ]	(nach) links
à droite [adʀwat]	(nach) rechts
le voilà [ləvwala]	da ist er
un **bus** [ɛ̃bys]	ein Bus
un **taxi** [ɛ̃taksi]	ein Taxi
monter [mɔ̃te]	steigen/einsteigen

LEÇON 5

Emma appelle Thomas [apəl]	*(hier)* ruft … an
Où est-ce que … ? [uɛskə]	Wo …?
est-ce que [ɛskə]	*Frageformel*
un **bouchon** [ɛ̃buʃõ]	*(hier)* ein Verkehrsstau
une heure et demie [ynœʀedəmi]	halb zwei
enfin [ɑ̃fɛ̃]	schließlich/endlich
un/une **touriste** [ɛ̃/ynturist]	ein Tourist/eine Touristin
pour faire qc [purfɛʀ]	um etw. zu tun
s'il vous plaît [silvuplɛ]	bitte *(wenn man mehrere Personen anspricht oder jdn. siezt*
Comment est-ce que …? [komɑ̃ɛskə]	Wie …?
un **plan** [ɛ̃plɑ̃]	ein Plan, *(hier)* ein Stadtplan
traverser qc [tʀavɛʀse]	etw. überqueren
tourner [turne]	abbiegen/drehen
après [apʀɛ]	nach/danach
tout droit [tudʀwa]	geradeaus
Vous avez l'heure? [vuzavelœʀ]	Wie viel Uhr ist es?
Pourquoi est-ce que …? [purkwaɛskə]	Warum …?
quelque chose [kɛlkəʃoz]	etwas
Au secours [oskuʀ]	Hilfe!
une **station** [ynstasjõ]	eine Station/eine Haltestelle
le **métro** [ləmetʀo]	die Metro/U-Bahn in Paris
une **station de métro** [ynstasjõdmetʀo]	eine Metrostation/U- Bahnstation
deux heures moins le quart [døzœʀmwɛ̃lkaʀ]	Viertel vor zwei
une **ligne** [ynliɲ]	eine (Verkehrs)Linie
faire attention [fɛʀatɑ̃sjõ]	aufpassen/Acht geben
arrêter qn [aʀɛte]	jdn. anhalten/festnehmen

LEÇON 5

Pratique

2	un **moyen de transport** [ɛ̃mwajɛ̃dətʀɑ̃spɔʀ]	ein Verkehrsmittel
4	une **journée** [ynʒuʀne]	ein Tag/ein Tagesablauf
11	**Il est quelle heure?** [ilɛkɛlœʀ]	Wie viel Uhr ist es?
	A quelle heure? [akɛlœʀ]	Um wie viel Uhr?
12	un **chemin** [ɛ̃ʃəmɛ̃]	ein Weg
	un **hôtel de ville** [ɛ̃notɛldəvil]	ein Rathaus
13	un **film** [ɛ̃film]	ein Film
14	un **acteur/une actrice** [ɛ̃naktœʀ/ynaktʀis]	ein Schauspieler/eine Schauspielerin
15	une **image** [ynimaʒ]	ein Bild
	la **suite** [lasɥit]	die Fortsetzung

Welche *Personen- und Berufsbezeichnungen* kommen im Lektionsvokabular vor?

____

____

____

____

Welche Wortverbindungen ergeben Sinn?

monter | au cinéma | avoir | dans un taxi

faire | l'heure | aller | attention

Bilde Sätze:

Je ______________________________

Vous ______________________________ ?

Le voleur ______________________________

Les élèves ______________________________

LEÇON 5

Gib die *Uhrzeiten* an.

Il est ______________________________

____

____

____

____

____

____

____

____

____

____

____

____

____

LEÇON 5

Vervollständige die Sätze mit den fehlenden Wörtern.

Ich **gehe** nach der Schule **zu** einer Freundin.

Je ____________ ______ une copine après l'école.

Emma ist in **einer Buchhandlung**.

Emma est dans ______________________.

Er sucht **etwas**.

Il cherche ______________________.

Welch ein **Glück!**

Quelle ______________________!

Wer hat **ein Handy?**

Qui a ______________________?

Warum **überqueren wir den Platz?**

Pourquoi est-ce que ______________________?

In dieser Lektion kommen einige *Fragewörter* vor. Suche vier davon heraus und notiere sie mit ihrer deutschen Bedeutung.

____

____

____

____

LEÇON 5

Welche Verben verstecken sich in dem Buchstabensalat? Schreibe sie auf und übersetze sie.

l e o r v

t a t r p a r e

t r e r v a r e s

n r t o u r e

t a r ê r r e

Schau dir die Vokabeln der Leçon 5 erneut an. Notiere die Wörter, die du dir nicht merken kannst, und wiederhole sie morgen schriftlich.

LEÇON 6

Lerne bei Verben die Ergänzungen gleich mit!
*z. B. «aider **qn**»*

Entrée: Des métiers

un **métier** [ɛ̃metje]	ein Beruf
un **dessinateur** [ɛ̃desinatœʀ]	ein Zeichner
un **médecin** [ɛ̃mɛdsɛ̃]	ein Arzt/eine Ärztin
un **réalisateur** [ɛ̃ʀealizatœʀ]	ein (Film)Regisseur
comme [kɔm]	als
aller faire qc [alefɛʀ]	etw. tun werden
toujours [tuʒuʀ]	immer
dimanche *(m.)* [dimɑ̃ʃ]	Sonntag/am Sonntag

Texte A: La star

une **star** [ynstaʀ]	ein Star
Mon Dieu! [mõdjø]	Mein Gott!
ne ... plus [nə ... ply]	nicht mehr
bouger [buʒe]	sich bewegen

bouger: je bouge, tu bouges, il/elle/on bouge,
nous bougeons, vous bougez, ils/elles bougent

parler à qn [paʀle]	mit jdm./zu jdm. sprechen
téléphoner à qn [telefɔne]	mit jdm. telefonieren/jdn. anrufen
aider qn [ede]	jdm. helfen
Bonjour les enfants! [bõʒuʀlezɑ̃fɑ̃]	Guten Tag, Kinder!
très [tʀɛ]	sehr
ne ... rien [nə ... ʀjɛ̃]	nichts
une **publicité** *(fam: une pub)* [ynpyblisite]	eine Werbung/ein Werbespot
donner qc à qn [dɔne]	jdm. etw. geben
une **croquette** [ynkʀɔkɛt]	eine Krokette, *(hier) Trockenfutter für Katzen*

LEÇON 6

manger qc [mɑ̃ʒe]	etw. essen

manger: je mange, tu manges, il/elle/on mange, nous mangeons, vous mangez, ils/elles mangent

la **radio** [laʀadjo]	das Radio/der Rundfunk
tourner qc [tuʀne]	etw. drehen
ne … jamais [nə … ʒamɛ]	nie/niemals
un **studio** [ɛ̃stydjo]	ein (Aufnahme)Studio
demander qc à qn [dəmɑ̃de]	jdn. etwas fragen
demain [dəmɛ̃]	morgen

Pratique A

2	une **carte** [ynkaʀt]	eine (Spiel)Karte
	jouer aux cartes [ʒweokaʀt]	Karten spielen
	la **vie** [lavi]	das Leben
3	un **CDI** [ɛ̃sedei]	ein CDI *(eine Mediathek)*
5	une **machine** [ynmaʃin]	eine Maschine
	une **mère** [ynmɛʀ]	eine Mutter
8	un **tableau**/des **tableaux** [ɛ̃tablo]	eine Tafel, eine Tabelle/Tafeln, Tabellen
9	un **devoir** [ɛ̃dəvwaʀ]	eine (Haus)Aufgabe
	en classe [ɑ̃klas]	im Unterricht
10	une **règle** [ynʀɛgl]	eine Regel

Texte B: Au studio

une **caméra** [ynkameʀa]	eine (Film)Kamera
pouvoir [puvwaʀ]	können
pouvoir faire qc [puvwaʀfɛʀ]	etw. tun können

pouvoir: je peux, tu peux, il/elle/on peut, nous pouvons, vous pouvez, ils/elles peuvent

pendant [pɑ̃dɑ̃]	während
avoir peur de faire qc [avwaʀpœʀdəfɛʀ]	Angst haben etw. zu tun
oublier qc [ublije]	etw. vergessen

LEÇON 6

On y va! [ɔ̃niva]	Gehen wir!/Auf geht's!
savoir [savwaʀ]	wissen
savoir faire qc [savwaʀfɛʀ]	etw. tun können (*wissen, wie es geht*)

savoir: je sais, tu sais, il/elle/on sait, nous savons, vous savez, ils/elles savent

par cœur [paʀkœʀ]	auswendig
pas de problème [padpʀɔblɛm]	kein Problem
couper qc [kupe]	etw. schneiden
Coupez! [kupe]	*(hier)* Schnitt! *(Regiebefehl bei Aufnahmen)*
avoir un chat dans la gorge [avwaʀɛ̃ʃadɑ̃lagɔʀʒ]	einen Frosch im Hals haben
vouloir faire qc [vulwaʀfɛʀ]	etw. tun wollen

vouloir: je veux, tu veux, il/elle/on veut, nous voulons, vous voulez, ils/elles veulent

avoir envie de faire qc [avwaʀɑ̃vi]	Lust haben etw. zu tun
un/une autre [ɛ̃/ynotʀ]	ein anderer/eine andere
36 fois *(fam.)* [tʀɑ̃tsifwa]	zig Mal *(ugs.)*
aller chercher qc [aleʃɛʀʃe]	etw. holen
bien [bjɛ̃]	*(hier)* wohl *(bei einer Nachfrage)*
aimer faire qc [emefɛʀ]	etw. gerne tun
génial *(fam.)* [ʒenjal]	genial/super/toll *(ugs.)*
Bravo! [bʀavo]	Bravo!
fou [fu]	verrückt

Pratique B

4	**inviter qn** [ɛ̃vite]	jdn. einladen
	un **numéro** [ɛ̃nymeʀo]	eine Nummer
	un **numéro de téléphone** [ɛ̃nymeʀodətelefɔn]	eine Telefonnummer
6	**s'il te plaît** [siltəplɛ]	bitte *(wenn man jdn. duzt)*

LEÇON 6

	un **rôle** [ɛ̃ʀol]	eine Rolle
7	**je voudrais** [ʒəvudʀɛ]	ich möchte gerne
	une **bibliothèque** [ynbiblijotɛk]	eine Bibliothek
8	un **rêve** [ɛ̃ʀɛv]	ein Traum
	faire un rêve [fɛʀɛ̃ʀɛv]	träumen
9	un **travail**/des **travaux** [ɛ̃tʀavaj]	eine Arbeit/Arbeiten
10	**apprendre qc par cœur** [apʀɑ̃dʀ]	etw. auswendig lernen

Sachfeld „Film" (mindestens sieben Wörter). Einige Vokabeln findest du auch in Leçon 5.

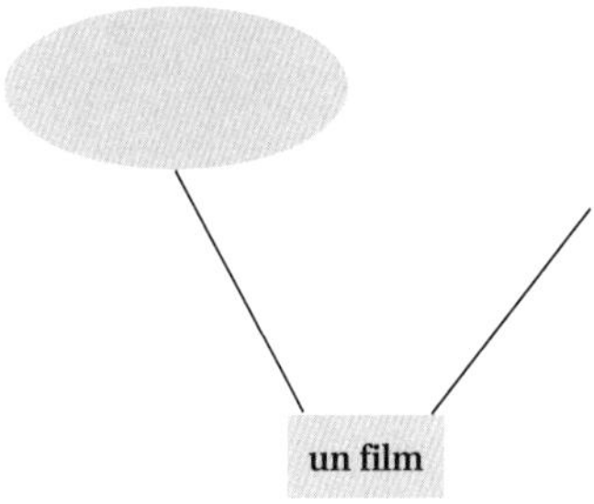

LEÇON 6

**In der Lektion kommen einige *Verneinungen* vor.
Notiere drei davon und übersetze sie.**

**Du hast in dieser Einheit einige neue Verben gelernt.
Schreibe sie mit ihrer deutschen Bedeutung auf.**

1. regelmäßige Verben:

2. Verben auf *–ger*:

3. unregelmäßige Verben:

LEÇON 6

Suche aus dem Lektionsvokabular sieben Wörter heraus, die ein «é» enthalten.

____

____

____

____

____

Wie heißen die Wörter? Ergänze die fehlenden Buchstaben und übersetze sie.

un de____oir ______________________________

le di____anche ______________________________

bie____ ______________________________

par c____ur ______________________________

faire un r____ve ______________________________

fo____ ______________________________

LEÇON 6

In Leçon 6 hast du einige Berufe neu gelernt. Notiere sie. Notiere auch weitere Berufsbezeichnungen, die du bereits gelernt hast.

Zeichne zwei Personen bei ihrer Berufsausübung. Lass einen Mitschüler/eine Mitschülerin raten, um welche Berufe es sich handelt.

LEÇON 6

„Die verflixten kleinen Wörter“

sehr ______________________________

immer ______________________________

während ______________________________

als ______________________________

Was sagst du, wenn …

… du deine Freunde/Freundinnen fragst, ob ihr losgeht?

____

… etwas kein Problem ist?

____

… etwas lobenswert ist?

____

Welche Vokabeln aus Leçon 6 bereiten dir Schwierigkeiten?

____

____

____

____

____

____

LEÇON 7

Bilde Vokabelnetze.

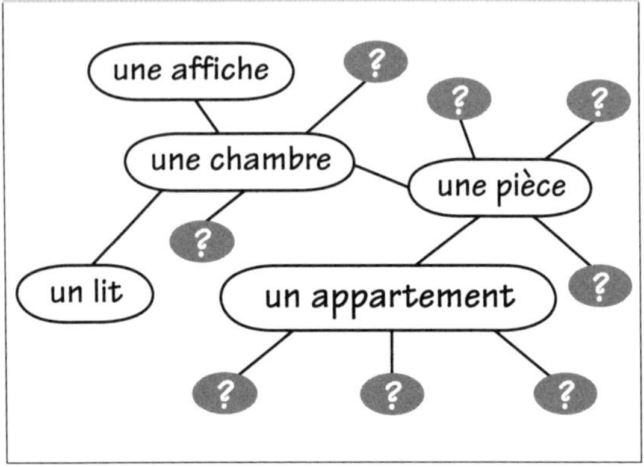

Entrée: L'anniversaire

un **anniversaire** [ɛ̃nanivɛʀsɛʀ]	ein Geburtstag
la **campagne** [lakɑ̃paɲ]	das Land *(im Gegensatz zur Stadt)*
une **vache** [ynvaʃ]	eine Kuh
espagnol/espagnole [ɛspaɲɔl]	spanisch
un **coq** [ɛ̃kɔk]	ein Hahn
une **poule** [ynpul]	ein Huhn/eine Henne
petit/petite [pəti/pətit]	klein
un **oiseau**/des **oiseaux** [ɛ̃nwazo/dezwazo]	ein Vogel/Vögel
grand/grande [gʀɑ̃/gʀɑ̃d]	groß
français/française [fʀɑ̃sɛ/fʀɑ̃sɛz]	französisch

Texte: Week-end à Rombly

un **week-end** [ɛ̃wikɛnd]	ein Wochenende
mai *(m.)* [mɛ]	Mai

LEÇON 7

prendre qc [pʀɑ̃dʀ]	etw. nehmen

prendre: je prends, tu prends, il/elle/on prend, nous prenons, vous prenez, ils prennent

un **train** [ɛ̃tʀɛ̃]	ein Zug
des **grands-parents** *(m.)* [degʀɑ̃paʀɑ̃]	Großeltern
une **grand-mère** [yngʀɑ̃mɛʀ]	eine Großmutter
sportif/sportive [spɔʀtif/spɔʀtiv]	sportlich
beaucoup [boku]	viel/sehr
beaucoup de [bokudə]	viel(e) *(bei Mengen)*
joli/jolie [ʒoli]	hübsch
jeudi *(m.)* [ʒødi]	Donnerstag
une **gare** [yngaʀ]	ein Bahnhof
beaucoup de monde [bokudmɔ̃d]	viele Leute
porter qc [pɔʀte]	etw. tragen
un **cadeau**/des **cadeaux** [ɛ̃kado]	ein Geschenk/Geschenke
mamie *(f.) (fam.)* [mami]	Oma *(ugs.)*
le **TGV** [ləteʒeve]	der TGV *(frz. Hochgeschwindigkeitszug)*
9h52 [nœvœʀsɛ̃kɑ̃tdø]	9 Uhr 52
un **billet** [ɛ̃bijɛ]	eine Fahrkarte
une **robe** [ynʀɔb]	ein Kleid
bleu/bleue [blø]	blau
une **chemise** [ynʃəmiz]	ein Hemd
blanc/blanche [blɑ̃/blɑ̃ʃ]	weiß
un **pantalon** [ɛ̃pɑ̃talɔ̃]	eine Hose
noir/noire [nwaʀ]	schwarz
lire qc [liʀ]	etw. lesen

lire: je lis, tu lis, il/elle/on lit, nous lisons, vous lisez, ils/elles lisent

LEÇON 7

écrire qc [ekʀiʀ]	etw. schreiben

> ***écrire:*** j'écris, tu écris, il/elle/on écrit, nous écrivons, vous écrivez, ils/elles écrivent

un **journal**/des **journaux** [ɛ̃ʒuʀnal/deʒuʀno]	eine Zeitung/Zeitungen
changer [ʃɑ̃ʒe]	wechseln; *(hier)* umsteigen
changer de train [ʃɑ̃ʒedətʀɛ̃]	den Zug wechseln
pour [puʀ]	*(hier)* nach
peu [pø]	wenig
un peu de [ɛ̃pødə]	ein wenig *(bei Mengen)*
le **temps** [lətɑ̃]	die Zeit
trop [tʀo]	zu viel
bête/bête [bɛt]	dumm
en voiture [ɑ̃vwatyʀ]	mit dem Auto
un **oncle** [ɛ̃nɔ̃kl]	ein Onkel
une **tante** [yntɑ̃t]	eine Tante
tout de suite [tudsɥit]	sofort
papi *(m.) (fam.)* [papi]	Opa *(ugs.)*
ouvrir qc [uvʀiʀ]	etw. öffnen

> ***ouvrir:*** j'ouvre, tu ouvres, il/elle/on ouvre, nous ouvrons, vous ouvrez, ils/elles ouvrent

le **champagne** [ləʃɑ̃paɲ]	der Champagner
boire qc [bwaʀ]	etw. trinken

> ***boire:*** je bois, tu bois, il/elle/on boit, nous buvons, vous buvez, ils/elles boivent

boire à qc	auf etw. trinken/anstoßen
une **table** [yntabl]	ein Tisch
à table [atabl]	bei/am Tisch
bon/bonne [bɔ̃/bɔn]	gut
une **chose** [ynʃoz]	eine Sache
un **gâteau**/des **gâteaux** [ɛ̃gato/degato]	ein Kuchen/Kuchen
un **repas** [ɛ̃ʀəpa]	ein Essen/eine Mahlzeit

LEÇON 7

long/longue [lõ/lõg]	lang
mauvais/mauvaise [movɛ/movɛz]	schlecht
C'est mon tour. [sɛmõtuʀ]	Ich bin dran./Ich bin an der Reihe.
un **verre** [ɛ̃vɛʀ]	ein Glas
l'eau *(f.)* [lo]	das Wasser
chanter [ʃɑ̃te]	singen
une **chanson** [ynʃɑ̃sõ]	ein Lied
jouer de [ʒwedə]	spielen *(Instrument)*
Bon anniversaire! [bɔnanivɛʀsɛʀ]	Alles Gute zum Geburtstag!
content/contente [kõtɑ̃/kõtɑ̃t]	zufrieden/glücklich
jouer à [ʒwea]	spielen *(Spiel)*
une **boule** [ynbul]	eine Kugel
un **village** [ɛ̃vilaʒ]	ein Dorf
le **printemps** [ləpʀɛ̃tɑ̃]	der Frühling
vendredi *(m.)* [vɑ̃dʀədi]	Freitag
ne … pas de [nə … padə]	kein/keine *(bei Mengen)*

Pratique

4 **jaune** [ʒon]	gelb
vert/verte [vɛʀ/vɛʀt]	grün
gris/grise [gʀi/gʀiz]	grau
marron *(inv.)* [maʀõ]	(kastanien)braun
orange *(inv.)* [ɔʀɑ̃ʒ]	orange
rouge [ʀuʒ]	rot
6 **lundi** *(m.)* [lɛ̃di]	Montag
mardi *(m.)* [maʀdi]	Dienstag
janvier *(m.)* [ʒɑ̃vje]	Januar
février *(m.)* [fevʀije]	Februar
mars *(m.)* [maʀs]	März
avril *(m.)* [avʀil]	April
juin *(m.)* [ʒɥɛ̃]	Juni
juillet *(m.)* [ʒɥijɛ]	Juli
août *(m.)* [ut]	August

LEÇON 7

septembre *(m.)* [sɛptɑ̃bʀ]	September
octobre *(m.)* [ɔktɔbʀ]	Oktober
novembre *(m.)* [nɔvɑ̃bʀ]	November
décembre *(m.)* [desɑ̃bʀ]	Dezember
l'été *(m.)* [lete]	der Sommer
l'automne *(m.)* [lotɔn]	der Herbst
l'hiver *(m.)* [livɛʀ]	der Winter

Jahreszeiten: im Frühling: **au** printemps [opʀɛ̃tɑ̃], im Sommer: **en** été [ɑ̃nete], im Herbst: **en** automne [ɑ̃notɔn], im Winter: **en** hiver [ɑ̃nivɛʀ]

	le **premier,** la **première** [ləpʀəmje/lapʀəmjɛʀ]	der erste/die erste
	le **premier janvier** [ləpʀəmjeʒɑ̃vje]	der erste Januar
	le 15 mai [ləkɛ̃zmɛ]	der 15. Mai
7	**car** [kaʀ]	denn
8	**Ça fait ...** [safɛ]	Das macht .../Das kostet ...
	un **euro**/des **euros** [ɛ̃nøʀo/dezøʀo]	ein Euro/Euros
	un **horaire** [ɛ̃nɔʀɛʀ]	ein Fahrplan/ein Stundenplan
10	un **mot-clé** [ɛ̃mokle]	ein Schlüsselwort
	la **vie** [lavi]	das Leben
13	une **couleur** [ynkulœʀ]	eine Farbe
14	un **nom** [ɛ̃nõ]	ein Name
15	un **portrait** [ɛ̃pɔʀtʀɛ]	ein Porträt/Abbild
	le **rap** [ləʀap]	der Rap *(Musikstil)*
	un **devoir** [ɛ̃dəvwaʀ]	eine (Haus)Aufgabe
	différent/différente [difeʀɑ̃/difeʀɑ̃t]	anders
16	un **club de lecture** [ɛ̃klœbdəlɛktyʀ]	eine Lesegruppe/Lese-AG
17	**éviter qc** [evite]	etw. vermeiden
	une **faute** [ynfot]	ein Fehler

LEÇON 7

Zeichnest du gerne? Zeichne zwei Tiere aus dem Lektionsvokabular. Beschrifte deine Bilder.

Welche weiteren Tiere kennst du auf Französisch?

___

Zug, Eisenbahn (mindestens drei Wörter)

le train

LEÇON 7

An welche Monate denkst du, wenn du die folgenden Bilder siehst? Notiere die Monatsnamen.

LEÇON 7

Ordne die Monate den Jahreszeiten zu.

Le printemps: ______________________________

____

L'été: ______________________________

____

L'automne: ______________________________

____

L'hiver: ______________________________

____

Notiere die französischen Farbadjektive mit einem Farbstift in seiner Farbe, z. B. grün mit grünem Farbstift.

noir

LEÇON 7

Für welche Farben hast du keinen passenden Farbstift?

____

Schreibe vier Nomen auf, die den Plural auf *-aux* bilden.

Singular Plural

____

____

____

____

Vervollständige die Sätze mit den fehlenden Wörtern.

Spielst du Gitarre?

Est-ce que ____________________ ___ la guitare?

In Frankreich **spielt man** Boules.

En France, ____________________ _____ boules.

Wer will etwas **trinken**?

Qui veut ____________________ quelque chose?

Er singt französische **Lieder**.

Il chante des ____________________ françaises.

Mama kommt **sofort**.

Maman arrive ____________________.

LEÇON 7

Notiere drei Mengenausdrücke und übersetze sie.

____

____

____

Woran denkst du bei diesen Verwandtschaftsbezeichnungen? Zum Beispiel: oncle → tante → cousin.

les parents = ______________________________

les grands-parents = ________________________

Welche *Adjektive* kennst du? (Maskulinum und Femininum)

____

____

____

____

____

____

____

LEÇON 7

Übersetze.

Ich nehme ein Glas Wasser.

____

Du trägst das Geschenk.

____

Er liest die Zeitung.

____

Wir schreiben ein Lied.

____

Ihr wechselt den Zug.

____

Sie öffnen die Tür.

____

Diese Wörter fand ich in *Leçon 7* besonders …

schwer zu merken	komisch	schön

LEÇON 8

Lerne oder wiederhole jeden Tag zehn Vokabeln mündlich und schriftlich. Schreibe die Vokabeln, die du dir nicht merken kannst auf ein Blatt oder auf Karteikarten. Wiederhole sie am nächsten Tag.

Entrée: La rencontre

une **rencontre** [ynʀɑ̃kɔ̃tʀ]	eine Begegnung/ein Treffen
rencontrer qn [ʀɑ̃kɔ̃tʀe]	jdn. treffen/jdm. begegnen
une **lettre** [ynlɛtʀ]	ein Brief
deux mille quatre [dømilkatʀ]	zweitausendvier
cher/chère [ʃɛʀ/ʃɛʀ]	lieb/teuer
Chère Madame,	Liebe Frau …
la classe de 5e *(= cinquième)* [laklasdəsɛ̃kjɛm]	die fünfte Klasse
la classe de 7e *(= septième)* [laklasdəsɛtjɛm]	die siebte Klasse
être content/contente de faire qc [ɛtʀəkɔ̃tɑ̃/kɔ̃tɑ̃t]	zufrieden sein/sich freuen etwas zu tun
accompagner qn [akɔ̃paɲe]	jdn. begleiten
une **information** [ynɛ̃fɔʀmasjɔ̃]	eine Information
une **auberge de jeunesse** [ynobɛʀʒdəʒœnɛs]	eine Jugendherberge
près de qc [pʀɛdə]	nahe bei/neben etw.
comme [kɔm]	wie *(beim Vergleich)*
un **projet** [ɛ̃pʀɔʒɛ]	ein Projekt/ein Vorhaben
Voilà pour aujourd'hui. [vwalapuʀoʒuʀdɥi]	Das ist alles für heute.
à bientôt [abjɛ̃to]	bis bald
Cordialement [kɔʀdjalmɑ̃]	Herzliche Grüße *(Grußformel in einem persönlichen Brief)*
un **coup de téléphone** [ɛ̃kudətelefɔn]	ein (Telefon)Anruf

LEÇON 8

un **appareil** [ɛ̃napaʀɛj]	ein Apparat
Comment allez-vous? [komɑ̃talevu]	Wie geht es Ihnen?
organiser qc [ɔʀganise]	etw. organisieren
tout [tu]	alles
Bonsoir. [bɔ̃swaʀ]	Guten Abend.

Texte: Le projet

dire qc à qn [diʀ]	jdm. etw. sagen

dire: je dis, tu dis, il/elle/on dit, nous disons, vous dites, ils/elles disent

rigoler *(fam.)* [ʀigɔle]	lachen *(ugs.)*
bilingue [bilɛ̃g]	zweisprachig
drôle [dʀol]	lustig
répondre à qn [ʀepɔ̃dʀ]	jdm. antworten
Arrêtez! [aʀɛte]	Hört auf!
une **affaire** [ynafɛʀ]	eine Sache/eine Angelegenheit
le lendemain [ləlɑ̃dmɛ̃]	am darauf folgenden Tag
un **calendrier** [ɛ̃kalɑ̃dʀije]	ein Kalender
que [kə]	den, die, das *(Relativpronomen, Objekt)*
vendre qc [vɑ̃dʀ]	etw. verkaufen
une **année** [ynane]	ein Jahr
qui [ki]	der, die, das *(Relativpronomen, Subjekt)*
une **langue** [ynlɑ̃g]	eine Sprache
une **ville** [ynvil]	eine Stadt
commencer qc [komɑ̃se]	etw. anfangen

commencer: je commence, tu commences, il/elle/on commence, nous commençons, vous commencez, ils/elles commencent

continuer [kɔ̃tinɥe]	weitermachen/fortfahren
en anglais [ɑ̃nɑ̃glɛ]	auf Englisch

LEÇON 8

entendre qc [ɑ̃tɑ̃dʀ]	etw. hören
que [kə]	dass *(Konjunktion)*
dire à qn que … [diʀ]	jdm. sagen, dass …
comprendre qc [kõpʀɑ̃dʀ]	etw. verstehen

comprendre: je comprends, tu comprends, il/elle/on comprend, nous comprenons, vous comprenez, ils comprennent

expliquer qc à qn [ɛksplike]	jdm. etw. erklären
l'**Allemagne** [lalmaɲ]	Deutschland
une **note** [ynnɔt]	eine Note
prendre une photo de qc [pʀɑ̃dʀynfoto]	ein Foto von etw. machen
assez (de) [asedə]	genug/genügend
si [si]	ob
demander à qn si [dəmɑ̃de]	jdn. fragen, ob
attendre qn [atɑ̃dʀ]	auf jdn. warten/jdn. erwarten

Regelmäßige Verben auf ***-dre:*** j'attends, tu attends, il/elle/on attend, nous attendons, vous attendez, ils/elles attendent

désirer qc [deziʀe]	etw. wünschen
une **pellicule** [ynpelikyl]	ein Film
un **appareil photo** [ɛ̃napaʀɛjfoto]	ein Fotoapparat
septante [sɛptɑ̃t]	siebzig *(Belgien und Schweiz)*
un **centime** [ɛ̃sɑ̃tim]	ein Cent
combien (de) [kõbjɛ̃]	wie viel
soixante-dix [swasɑ̃tdis]	siebzig
la **Belgique** [labɛlʒik]	Belgien
acheter qc [aʃte]	etw. kaufen

acheter: j'achète, tu achètes, il/elle/on achète, nous achetons, vous achetez, ils/elles achètent

payer qc [peje]	etw. bezahlen

payer: je paie, tu paies, il/elle/on paie, nous payons, vous payez, ils/elles paient

des **frites** *(f. pl.)* [defʀit]	Pommes frites
avoir faim *(f.)* [avwaʀfɛ̃]	Hunger haben
une **semaine** [ynsəmɛn]	eine Woche
le **départ** [lədepaʀ]	die Abfahrt/der Aufbruch
une **bise** *(fam.)* [ynbiz]	ein Kuss *(ugs.)*
faire la bise à qn *(fam.)* [fɛʀlabiz]	jdn. mit Wangenkuss begrüßen/verabschieden *(ugs.)*
correct [kɔʀɛkt]	richtig/korrekt
peut-être [pøtɛtʀ]	vielleicht
deux mille cinq [dømilsɛ̃k]	zweitausendfünf

Pratique

1	un **titre** [ɛ̃titʀ]	ein Titel
2	**depuis** [dəpɥi]	seit
3	une **traduction** [yntʀadyksjõ]	eine Übersetzung
	un **faux ami** [ɛ̃fozami]	ein falscher Freund
5	un **souvenir** [ɛ̃suvniʀ]	eine Erinnerung/ein Andenken
	belge [bɛlʒ]	belgisch
	un/une **Belge** [ɛ̃/ynbɛlʒ]	ein Belgier/eine Belgierin
	nonante [nonɑ̃t]	neunzig *(Belgien und Schweiz)*
8	**C'est à qui?** [sɛtaki]	Wer ist an der Reihe?
	C'est à moi. [sɛtamwa]	Ich bin an der Reihe.
12	une **date** [yndat]	ein Datum
13	un **coca** [ɛ̃koka]	eine Cola
14	le **contraire (de)** [ləkõtʀɛʀ]	das Gegenteil (von)
	Vous pouvez répéter, s'il vous plaît? [vupuveʀepete]	Können Sie bitte wiederholen?
	Un peu moins vite, s'il vous plaît. [ɛ̃pømwɛ̃vit]	Ein bisschen langsamer, bitte.

LEÇON 8

Welche *Ausdrücke* aus Leçon 8 kannst du in einem Brief gebrauchen?

Übersetze.

Ich warte auf den Bus.

Hörst du den Bus?

Luc antwortet nicht.

Wir verkaufen unseren Kalender.

Wir machen ein Foto.

Versteht ihr?

Sie verstehen nicht.

LEÇON 8

Wie heißt das auf Französisch? Notiere den Begriff und weitere Wörter, die zu dem Sachfeld gehören.

Welche *zwei Verben* findest du in Leçon 8 am schwierigsten? Notiere sie hier mit ihren Formen.

je		
tu		
il/elle/on		
nous		
vous		
ils/elles		

LEÇON 8

Was sagst du, wenn ...

... du Frau Bertraud fragst, wie es Ihr geht?

... du deinen Nachbarn abends begrüßt?

... du wissen willst, wer an der Reihe ist?

... du der Verkäuferin sagst, dass du an der Reihe bist?

... deine Geschwister sich streiten und sie aufhören sollen?

... dein Lehrer etwas wiederholen soll?

... deine französischen Freunde langsamer sprechen sollen?

LEÇON 8

„Die verflixten kleinen Wörter“

ob ______________________________

vielleicht ______________________________

alles ______________________________

genug/genügend ______________________________

seit ______________________________

Sachfeld *Sprache* (mindestens drei Begriffe)
Suche passende Wörter auch in Leçon 1.

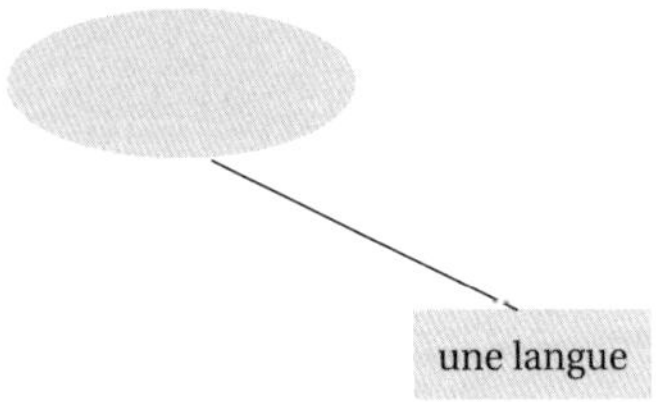

Markiere alle *männlichen Nomen* in Leçon 8 blau und alle *weiblichen Nomen* rot. Zähle sie anschließend und trage die Anzahl ein.

Ich habe ________ männliche und ________ weibliche Nomen gefunden.

[LEÇON 9]

Verbinde in deinem Kopf die Vokabeln –
wenn immer es möglich ist – mit einem Bild.

un **cadeau** +

Entrée: Découvertes

une **découverte** [yndekuvɛʀt]	eine Entdeckung
la **mer** [lamɛʀ]	das Meer
un **rocher** [ɛ̃ʀoʃe]	ein Fels
une **plage** [ynplaʒ]	ein Strand
une **vague** [ynvag]	eine Welle
un **bateau/**des **bateaux** [ɛ̃bato/debato]	ein Boot/Schiff
un **coquillage** [ɛ̃kɔkijaʒ]	eine Muschel
une **montagne** [ynmõtaɲ]	ein Berg/ein Gebirge
un **chalet** [ɛ̃ʃalɛ]	eine (Berg)Hütte
les vacances *(f. pl.)* [levakɑ̃s]	die Ferien/der Urlaub
passer ses vacances [pasesevakɑ̃s]	seine/ihre Ferien verbringen
en ville [ɑ̃vil]	in der Stadt
une **colonie de vacances** [ynkɔlɔnidvakɑ̃s]	ein Ferienlager
en vacances [ɑ̃vakɑ̃s]	in den Ferien

Texte A: Bises de Port-Blanc et de Marrakech

au bord de qc [obɔʀdə]	am Rande/Ufer von etw.
au bord de la mer [obɔʀdlamɛʀ]	am Meer
entre [ɑ̃tʀ]	zwischen
à côté [akote]	daneben/nebenan
adorer qc [adɔʀe]	etw. sehr gern mögen
un **vélo** [ɛ̃velo]	ein Fahrrad
breton/bretonne [bʀətõ/bʀətɔn]	bretonisch
sortir (de qc) [sɔʀtiʀ]	(aus etw.) hinausgehen/fahren; ausgehen

[LEÇON 9]

tout le temps [tultɑ̃]	die ganze Zeit
le **soleil** [ləsɔlɛj]	die Sonne
il y a du soleil [iljadysɔlɛj]	es ist sonnig
un **matin** [ɛ̃matɛ̃]	ein Morgen
le matin [ləmatɛ̃]	morgens
dormir [dɔʀmiʀ]	schlafen
jusque [ʒysk]	bis
jusqu'à dix heures [ʒyskadizœʀ]	bis 10 Uhr
partir [paʀtiʀ]	weggehen/abfahren

partir: je pars, tu pars, il/elle/on part, nous partons, vous partez, ils/elles partent
(ebenso: *dormir* und *sortir*)

partir en vacances [paʀtiʀɑ̃vakɑ̃s]	in die Ferien/in den Urlaub fahren
une **carte postale** [ynkaʀtpɔstal]	eine Postkarte
une **demi-heure** [yndəmijœʀ]	eine halbe Stunde
un **kilomètre** [ɛ̃kilɔmɛtʀ]	ein Kilometer
à cinq kilomètres de [asɛ̃kilɔmɛtʀdə]	fünf Kilometer entfernt von
un **marché** [ɛ̃maʀʃe]	ein Markt
un **vêtement** [ɛ̃vɛtmɑ̃]	ein Kleidungsstück
un **maillot de bain** [ɛ̃majodbɛ̃]	ein Badeanzug/eine Badehose
un **T-shirt** [ɛ̃tiʃœʀt]	ein T-Shirt
un **jean** [ɛ̃dʒin]	eine Jeans/ein Paar Jeans
un **pull** *(fam.)* [ɛ̃pyl]	ein Pulli *(ugs.)*
l'argent *(m.)* [laʀʒɑ̃]	das Geld
embrasser qn [ɑ̃bʀase]	jdn. küssen/umarmen
un/une cycliste [ɛ̃siklist/ynsiklist]	ein Radfahrer/eine Radfahrerin
un **danseur/une danseuse** [ɛ̃dɑ̃sœʀ/yndɑ̃søz]	ein Tänzer/eine Tänzerin
un **sportif/une sportive** [ɛ̃spɔʀtif/ynspɔʀtiv]	ein Sportler/eine Sportlerin

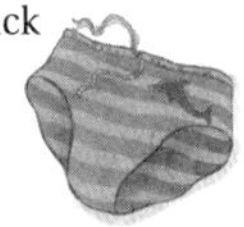

même [mɛm]	sogar
remercier qn [ʀəmɛʀsje]	sich bei jdn. bedanken
De rien. [dəʀjɛ̃]	Bitte/Gern geschehen.
quand [kɑ̃]	wenn, als *(zeitlich)*
un **chèque** [ɛ̃ʃɛk]	ein Scheck
faire un chèque [fɛʀɛ̃ʃɛk]	einen Scheck ausstellen
à côté de [akotedə]	neben
un **souk** [ɛ̃suk]	ein Souk *(arab. Markt)*
un **grand-père** [ɛ̃gʀɑ̃pɛʀ]	ein Großvater
le **français** [ləfʀɑ̃sɛ]	das Französische
arabe [aʀab]	arabisch
parler l'arabe [paʀlelaʀab]	Arabisch sprechen
un **bijou**/des **bijoux** [ɛ̃biʒu/debiʒu]	ein Schmuckstück/Schmuck
marocain/marocaine [maʀɔkɛ̃/maʀɔkɛn]	marokkanisch
le **ventre** [ləvɑ̃tʀ]	der Bauch
avoir mal au ventre [avwaʀmalovɑ̃tʀ]	Bauchweh haben
chaud/chaude [ʃo/ʃod]	warm/heiß
il fait chaud [ilfɛʃo]	es ist warm/heiß

Pratique A

1	un **résumé** [ɛ̃ʀezyme]	eine Zusammenfassung
2	**chéri/chérie** [ʃeʀi]	Liebling
	ce soir [səswaʀ]	heute abend
3	**Ça alors!** [saalɔʀ]	Na sowas!
4	une **crêpe** [ynkʀɛp]	eine Crêpe *(Pfannkuchen)*
6	**Vive …!** [viv]	Es lebe …!
7	une **signature** [ynsiɲatyʀ]	eine Unterschrift
	un **correspondant**/une **correspondante** [ɛ̃kɔʀɛspɔ̃dɑ̃/ynkɔʀɛspɔ̃dɑ̃t]	ein Brieffreund/eine Brieffreundin; ein Austauschpartner/eine Austauschpartnerin
	le **temps** [lətɑ̃]	*(hier)* das Wetter
11	**par semaine** [paʀsəmɛn]	pro Woche/wöchentlich
	prendre qc en photo [pʀɑ̃dʀɑ̃foto]	etw. fotografieren

[LEÇON 9]

Texte B: La tempête

une **tempête** [yntɑ̃pɛt]	ein Sturm
chaque [ʃak]	jeder/jede/jedes + *Nomen*
ce, cet, cette, ces [sə/sɛt/se]	diese(r), dieses *(Demonstrativbegleiter)*
une **cathédrale** [ynkatedʀal]	eine Kathedrale
cent [sɑ̃]	hundert
cinq cent [sɛ̃sɑ̃]	fünfhundert
une **crêperie** [ynkʀɛpʀi]	eine Crêperie
jusqu'à Port Blanc [ʒyskapɔʀblɑ̃]	bis nach Port Blanc
le **14 juillet** [ləkatɔʀzʒɥijɛ]	der 14. Juli
tout, tous/toute, toutes [tu/tut]	ganz, alle + *Nomen*
un **concert** [ɛ̃kõsɛʀ]	ein Konzert
un **feu d'artifice** [ɛ̃fødaʀtifis]	ein Feuerwerk
tout le monde [tulmõd]	alle/jeder/alle Welt
le **vent** [ləvɑ̃]	der Wind
la **pluie** [laplɥi]	der Regen
emporter qc [ɑ̃pɔʀte]	etw. mitnehmen
une **chaise** [ynʃɛz]	ein Stuhl
mettre qc [mɛtʀ]	etw. legen/setzen/stellen; *(hier)* etw. anziehen

mettre: je mets, tu mets, il/elle/on met, nous mettons, vous mettez, ils/elles mettent

voir qc [vwaʀ]	etw. sehen

voir: je vois, tu vois, il/elle/on voit, nous voyons, vous voyez, ils/elles voient

venir [vəniʀ]	kommen

venir: je viens, tu viens, il/elle/on vient, nous venons, vous venez, ils/elles viennent

venir chercher qn [vəniʀʃɛʀʃe]	jdn. abholen kommen

[LEÇON 9]

	cent cinquante [sɑ̃sɛ̃kɑ̃t]	hundertfünfzig
	le/la même [lə/lamɛm]	der-/die-/dasselbe
	tu pourrais [typuʀɛ]	du könntest
	un **dictionnaire** [ɛ̃diksjɔnɛʀ]	ein Wörterbuch
	terminer qc [tɛʀmine]	etw. beenden
	mille [mil]	tausend
	un **bisou** [bizu]	ein Küsschen

Pratique B

2	une **aventure** [ynavɑ̃tyʀ]	ein Abenteuer
5	un **nombre** [ɛ̃nɔ̃bʀ]	eine Zahl
6	**êtes-vous …?** [ɛtvu]	seid ihr …/sind Sie …?
	un/une **journaliste**	ein Journalist/eine Journalistin

Übersetze.

sie kommen ______________________________

du küsst ______________________________

Malika bedankt sich bei Emma. ______________________________

____

ihr nehmt etw. mit ______________________________

sie sehen ______________________________

Suche fünf Wörter/Ausdrücke zum Sachfeld *„**le temps**“* und übersetze sie.

____

____

____

____

____

[LEÇON 9]

Notiere.

Quelqu'un qui fait du vélo, c'est un ______________________

Quelqu'un qui fait du sport, c'est un ______________________

Quelqu'un qui fait de la danse, c'est un ____________________

Quelqu'un qui écrit pour des journaux, c'est un

____.

Wähle *zwei Kleidungsstücke* aus Leçon 9 aus und male sie. Beschrifte sie anschließend.

Sieh dir Leçon 7 noch einmal an. Welche weiteren *Kleidungsstücke* kennst du?

____

____

____

[LEÇON 9]

Übersetze.

Morgens schlafe ich bis 10 Uhr. ____________________

____

Heute Abend gehen wir aus. ____________________

____

Wer holt mich am Bahnhof ab? ____________________

____

Erstelle ein Vokabelnetz zum Sachfeld *„au bord de la mer"*. Nenne mindestens acht bis zehn Wörter/Ausdrücke.

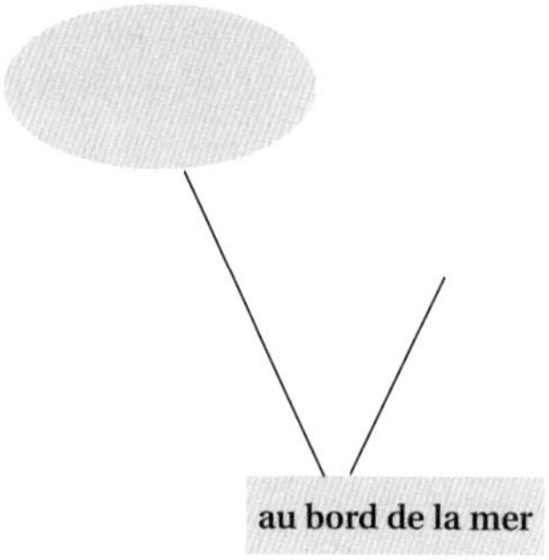

[LEÇON 9]

Welche Wortverbindungen ergeben Sinn?

mal au ventre | le français | chercher

les vacances | en vacances | un chèque

passer ______________________________

partir ______________________________

faire ______________________________

parler ______________________________

avoir ______________________________

venir ______________________________

Kennst du weitere Verbindungen mit *avoir* oder *faire*?
Schaue auch in den bereits bearbeiteten Lektionen nach.

avoir ______________________________

____

____

faire ______________________________

____

____

[LEÇON 9]

Welche Ortsangaben kennst du?

Diese Wörter fand ich in *Leçon 9* besonders …

schwer zu merken	komisch	schön

[LEÇON 9]

Wiederhole. Suche aus allen Lektionen zehn Begriffe heraus, die mit dem Sachfeld *Stadt* zu tun haben.
Wenn du gerne zeichnest, zeichne eine Stadt und beschrifte dein Bild anschließend.